JN411343

오늘의문학시인선 425

인연지기

조현곤 시집

오늘의문학사

국립중앙도서관 출판예정도서목록(CIP)

인연지기 : 조현곤 시집 / 지은이: 조현곤. -- 대전 : 오늘의문학사, 2018
p. ; cm. -- (오늘의문학 시인선 ; 425)

충청남도와 충남문화재단의 후원으로 발간되었음
ISBN 978-89-5669-923-3 03810 : ₩9000

한국 현대시[韓國現代詩]

811.7-KDC6
895.715-DDC23 CIP2018018455

인연지기

시인의 말

바람 앞에 풀들이 눕는 것은 순리대로 살기 위함이다.

눕지 않는 모든 것은 꺾이든지 상처가 있기 마련이다.

그 속내를 들여다보면 무저항 속에 참 진리가 있음을 발견한다.

그렇다고 옳지 않은 일에 눈감거나 완력과 불의에 굴복하라는 말이 아니다.

똑바로 가는 길이 편리하고 좋긴 하지만 그보다 굽이 돌아 가는 길은 더 멋스러움이 있기 때문이다.

우리가 살면서 인연의 좋은 지기로서 서로를 보듬으며 인생길을 간다면 세상이 좀 더 사람향이 몰큰한 풍미(風味)가 있지 않겠는가?

문학의 길로 들어선 지도 강산이 변했다. 원컨대 처음 색이 변하지 않길 바랄 뿐이다.

분명한 것은 좋은 환경에서는 글 보석을 찾기 어렵다는 것이다.

오늘도 나를 흔들어 놓는 모진 바람이 있기에 몸부림으로 문향을 일으켜 본다.

신앙의 뜨락에서, 믿음의 눈으로 사물을 관조(觀照)하는 시안(詩眼)을 주신 하나님께 영광을 돌립니다.

2018년 신록이 우거진 초여름, 문방 正平齋에서

恩江 조현곤

시인의 말 ———— 4

1부 가닥 찾기

낙화 ———— 13
여정(餘情) ———— 14
꿈을 닮아 간다는 것 ———— 15
다시 일어나 앞으로 가자 ———— 16
파장(波長) ———— 19
여름 낮 교실에서 ———— 20
난쟁이와 포석정 ———— 21
발판 ———— 22
동백 ———— 23
호흡 ———— 24
가닥 찾기 ———— 25
장수풍뎅이 ———— 26
문고리 ———— 27
인성(人性)의 향기가 피어날 때까지 ———— 28
그림자 ———— 30
거품, 잠재우다 ———— 31
달빛 그림자 ———— 32
아침 ———— 33
시간의 골짜기 ———— 34

2부 지금

백일홍 5 ———— 37

4월, 우러러보다 ———— 38

생명 ———— 40

갈꽃 ———— 41

인연지기 ———— 42

시의 숲으로 ———— 43

지금 ———— 44

개망초 ———— 45

공룡 화석관에서 ———— 46

옹이인생 ———— 48

봄날 스케치 ———— 49

내포의 울림 ———— 50

꿈 마중 ———— 52

한 해의 끝자락에 서다 ———— 53

왜개연 ———— 54

바람의 길 ———— 55

최후순간 ———— 56

고독에 물들다 ———— 57

꽃무릇 ———— 58

3부 안개 끝에 있는 그 집

하늘가에서 우는 별들 61
고향집 62
꽃잎 떨어질 때 64
휴대폰 소동 66
사막기린 68
그대여 70
키 선물 72
난중지난(難中之難) 73
빈처(貧妻) 74
달팽이 76
목련이 필 즈음 77
안개 끝에 있는 그 집 78
길 위에서 79
장롱 들어오는 날 80
새터 가는 길 82
청기와 지붕 아래 84
불씨 85
무제 86

4부 생명샘에서

생명이 있음에 — 89
샤론의 수선화여! — 90
포도원의 빛 — 94
성령의 깃발을 들고 — 96
마음 펴기 — 99
거울을 보며 — 100
회복 — 102
냉수 한 그릇 — 104
내가 여기 있나이다 나를 보내소서 — 105
무화과 — 108
상생 — 109
생명샘에서 — 110
사명(使命) — 112
우리가 지란지교 — 113
나 靈魂의 때를 生覺하라 — 114
성령의 불꽃이 되어 — 116
주의 일에 힘쓰겠습니다 — 118

기도 —— 121
어느 하루 —— 122
너와마을에서 —— 124
꽃길로 —— 126
비밀 —— 128

| 작품해설 | 리헌석
/ 신앙의 신실함과 정서의 오롯함 — 129

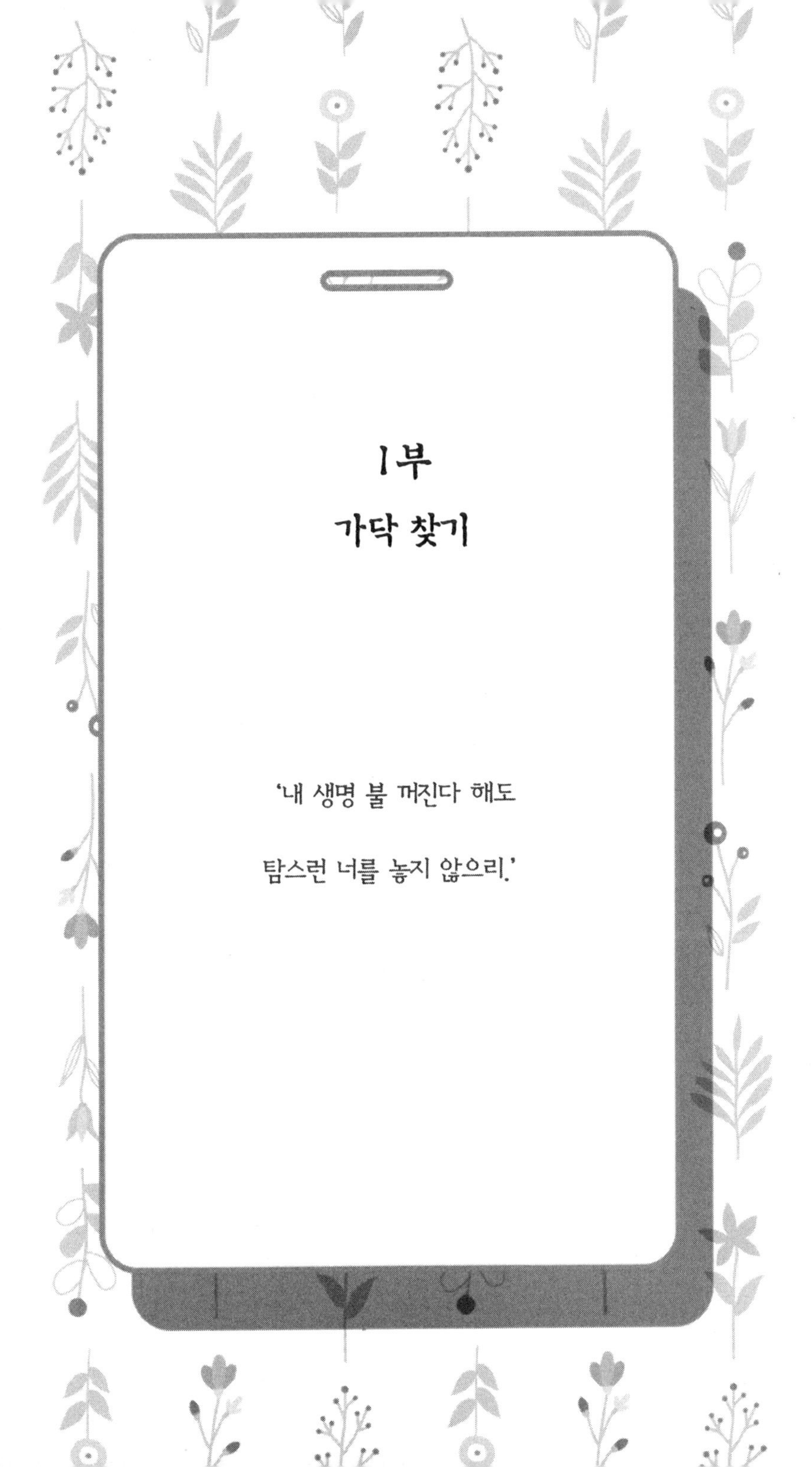

1부
가닥 찾기

'내 생명 불 꺼진다 해도

탐스런 너를 놓지 않으리.'

낙화

봄바람이
겨울을 밀어내니
이제 봄비가 내린다.

화려한 꽃잎들이
생을 마감하며
기어이 떨어지며 하는 말

'내 생명 불 꺼진다 해도
탐스런 너를 놓지 않으리.'

여정(餘情)

몇몇은 떠나갔다.

늬들도 어느 바람결에
훌쩍 떠나겠지?

곡절이 있으나 언제든지
무심코 떠날 채비가 된
민들레 홀씨들

거기 노란 분을 바른 아이야
몇 날 못 되어 너도 떠나겠지.

꿈을 닮아 간다는 것

곧은 길로 가는 것은 누구나 할 수 있다.
에둘러 협착의 길로 들어선 이가
모든 풍상을 겪는다.
초동(樵童)의 벗들은 자기 둥지를 틀고 소리를 내는데
후발자로 발을 옮긴 후 다가오는 시련의 마파람은
그를 숨막히게 한다.
아장아장 걷던 새끼들이 저렇게 컸는데…
누군가 던진 하찮은 돌멩이 하나가
이어지는 숱한 가시밭길의 단초를 만들어 놓았다.
그래도 믿는다는 것, 그 하나의 이유로 꿈틀대 본다.
저 진흙탕 속을 언제 벗어날 것인가?
아직도 버릴 수 없고 포기할 수 없는 비상(飛翔)의 꿈
그 꿈을 그리워하며 현실이 되기까지 사모하는 것이다.
마치 큰 바위 얼굴을 보며 마음결을 다잡는 어린아이처럼.

다시 일어나 앞으로 가자

둥둥 북소리와 함께 새해가 밝았다.
지난날의 탄식과 슬픔은
타오르던 지난해에 던져 버리고
새로이 길을 열어 벅찬 감동과
찬란한 햇살로
빗장 풀어 새날이 열렸다.

보령시민이여! 보령의 산하여!
신성의 기운이 있는 이 곳
성주산을 닮아라.
이제, 순수하고 성실함의 상징
양들이 몰려오는 평화의 땅
만세보령에 이르러
우리 영혼이 미소 짓는 그날까지
전진하리라.

새 날의 새 햇살로 담아
지치고 힘들 때 너와 나
삶의 청량제가 되어

용기로 새 삶 가꾸어
변화의 새바람으로
위풍당당 다시 일어나
앞으로 가자.

안정과 번영을 염원하고
건전한 생각과 경제로 살찌우며
아름다운 문화로 꽃피워
맑은 눈과 풍부한 지혜로
'시민이 행복한 희망찬 새보령' 건설을 위해
새 역사 창조하는
사통팔달 명품도시로 도약할 기회라

상천하지를 살피시는 섭리자여!
오늘 성주산 일출의 기운으로
서해 바닷물이 모든 것을 품듯이
한 해의 소원을 품은
보령, 보령인의 가슴 속에

펄떡이는 야무진 꿈과 소망이
이루어지게 이끌어 주소서.

낡은 옷은 훨훨 벗어 던지고
새 옷으로 갈아입어
소외되고 그늘진 곳에
사랑의 빛 축제로
누구나 웃음 꽃 활짝 피는
나눔과 소통의 한 해 되게 하소서.
그리하여 을미년 영광의 이름
다시 일어나 도약대의 힘으로
만세보령을 이어가게 하소서.
을미년 새 날에서 영원히….

* 2015년 1월 1일 성주산 해맞이 행사에서 시낭송 하다.

파장(波長)

아무 생각 없이 내 뱉는 너의 말과
자유 분방스런 행동에
실망하거나 상처받거나

모과 열매가 못났다고 흉보지 마라.
너는 얼마나 고운 향기 발하며 살아 봤느냐.

물릴 정도로 과욕을 벗는 것도 네 할 바이니
호수에서 함부로 물수제비 뜨지도 마라.
가만히 있다 날벼락 맞는 생물이 있을지니

아무 생각 없이 내 뱉는 너의 말과
무참스러운 행동에
실망하거나 상처받거나.

여름 낮 교실에서

나뭇잎도 지쳐 대롱거리는 한 여름
윤리가 땅에 떨어져 어지러운 세상 중에
'무더위는 물렀거라.' 충효에 교육을 받는
초롱초롱한 눈망울들

진지한 표정으로 골똘히 생각하는
미래의 하늘을 열고자 하는 연둣빛 마음들이
바다 물결처럼 일렁인다.

충효, 절의, 선비, 예의, 개척정신을 기치(旗幟)로
충남 정신이 계승할 때에
이 나라의 흔들리지 않는 미래의 기둥들

'피그말리온 효과'로 그 바람을 모을지니
이 바람이 먼 훗날 초롱한 눈망울들의
삶의 현장에서 거침없이 열매 맺어
이 땅에 충남5대 정신을 다시금 뿌리울 것이라.

난쟁이와 포석정

잠자는 어린아이의 잘 생긴 귓가를 보는데
홀연, 경주 포석정이 그 아이의 귀에 새처럼 내려앉는다.
잠에 취한 어린 아이의 잘 생긴 귀에서 노니는
난쟁이들의 시끌벅적한 소리
그들의 *'유상곡수' 놀이에 한나절이 훌쩍 지나간다.
그중의 한 난쟁이는 노는 것에 정신 팔려
쓰르라미가 오는 것도 몰라 결국 희생되었다.
의문의 실도랑 주위를 밤새 울며 짝을 찾는 쓰르라미와
풍류에 젖어 있다 쓰러지는 난쟁이들
아직도 포석정엔 잔치판이 끝나지 않았다.
그래서인지 쑥스러운 일에는 귓불이 벌게지나 보다.
오늘도 포석정 주위에서는 괴괴한 그림자 하나가 아치랑 거린다.
(그러거나 말거나) 어린아이는 포석정에 무슨 일이 있는지도 모른 채
신비한 단꿈에 빠졌다.

* 유상곡수(流觴曲水) : 흐르는 물에 잔을 띄워 그 잔이 자기 앞에 오기 전에 시를 짓는 놀이

발판

하루에도 수 없이 내딛는 발판은
중간 역할이 그 몫이다.

승강장에서 버스를 탈 때에나
운동장에서 뜀틀을 뛸 때에도
아니, 수영할 때 뛰는 힘을 돕는 것처럼
마땅히 디뎌야 되는 것일 터

지금껏 살아오면서
남이 잘되게 발판 노릇을 얼마나 하였는가.

연인의 사랑을 이룰 수 있게
까마귀와 까치가 다리를 놓아준 사연을 안다면

행여나 미래를 향한
도움닫기 끝에 발판을 두어
희망의 푸른 언덕으로 힘껏 발을 옮기자.

동백

객혈을 그렇게 하매
허리춤이 끊어질 듯한 데도
오히려
찬란한 빛에
*함치르르 도는 피부색이여.

* 함치르르 : 매우 고우며 윤이 나는 깨끗한 모양.

호흡

— 남녀 기예(技藝)를 보며

분명 부부는 아닌데
부부인 것처럼

혼연일체
부드러움과 강인함의
저 묘기의 맛

손목태와 발목쟁이의 교태는
무아경에 빠트리는
예술의 혼

아, 호흡이 멎을 것 같은.

가닥 찾기

마트에서 쌀 한 포대를 구입했다.
관건은 박음줄을 풀어내야 하는 것
시도 끝에 끊어지고 또 끊어져
결국은 쌀 한 포대를 북- 찢어 버릴 때도 있다.
실오라기 하나 잘 찾으면 쉽게 풀어지는데…
인생의 문제도 가닥을 찾지 못하여
풀려지지 않을 때가 있으니
그렇다고 뜬금없이 주위 사람에게
생채기를 낼 수 있을까?
꼬임을 풀어내어 숨통이 트이게 하는 것은
한 가닥 희망 찾기에 몰입하는 것
그것은 나를 지으신 이를 만나는 것
그리하여 박음줄이 술술 풀려
환희의 행복양식을 만끽하는 것이리.

장수풍뎅이

목숨 바쳐 나라를 구한
어느 장군의 갑옷보다도
탄탄하게 보이는
옷을 입고 활보하는 너
정작 자기 욕심에 빠져
뒤집혀 허우적대는 자태야말로
가관이로다.
얼마나 버틸까?
저 바르작거리는 모습
무척 애처롭구나.

문고리

이 하루는 문고리를 잡으며 시작한다.

수많은 세월
문고리를 잡으며 왔다
내일도 모레도….

순간,
위기와 부끄러움에서
나를 지키는 문고리

어둠의 공간에서 밝음의 세계로
내일의 희망을 여는 문고리

오늘도
문고리가 고장 나지 않기를 바라며
하루를 힘차게 연다.

인성(人性)의 향기가 피어날 때까지

시끌시끌한 삶의 현장에서
인성이 시들어 갈 때에
참된 사람이 되자고
가정에서부터 학교와 사회로
인성의 물줄기를 댄다.

한 여름에 소나기를 만나듯
인성의 시원한 희망 무지개를 보는
눈빛들이 살아 있다.
우리네 삶의 주변부터
정돈하여 질서를 세우자.
입술로, 행실로, 마음으로….

아랫물이 맑지 않으면
윗물이라도 맑아야
미래의 꿈이 되살아나는 것이 아닌가?
마음의 거울을 보듯 기본으로 돌아가
사람이 되면 미래는 분명히 보이는 것
우리네 꿈이 앞당겨질 일이다.

너와 나의 눈빛이 마주할 때
시들었던 인성의 향기가
그 정(情) 속에서 소통이 되어
새로이 희망살이로 피어나리.

그림자

앞은 화려하지만 뒷모습은 우울한 사람아,
뒤에 있는 사람도 앞이 있다오.
앞에 있다고 뒤에 쓰레기와 꽁초를 버린다면
뒤에 있는 사람은 어쩌란 말인가?
앞뒤 서로 살펴보아 양면을 깨끗하게 한다면
동전과 같이 서로가 좋을 텐데
혼자만 생각 말고 옆과 뒤에 있는 사람도
생각하며 더불어 살면 어떻겠소.

거품, 잠재우다

아이들이 지애비한테 파마하라고 성화다
그래야 머리숱이 많아 보인다고.

아서라, 그런다고 인생이 달라진다더냐!
부풀려 허풍을 떨다보면
금방은 혹닉(惑溺)해 좋아 보이겠지만
뒤돌아서면 말장(抹杖) 다 드러나거늘

하늘에 별들이 총총하다고
다 아름다운 것 아니야
그저, 바람에 누운 풀잎처럼
분수껏 사는 것이지.

달빛 그림자

나는 힘차게 솟는 분수이고
평온을 주는 호수이다.
잇따라 센바람 맞고도
굳세게 자리 지킨 소나무이다.
하루 종일 전화 한 통화 없어도
외로워하지 않으리.
달빛에 물든 종잇장을 바라보며
하고 싶은 말 많아도
아직도 그 속을 다 보여 주지 않는
달빛 그림자여!

아침

엊저녁
하도 그렇게
모진 비바람
몰아치더니

오늘
눈부신 아침을
맞이한다
하도 두려울 만큼.

시간의 골짜기

풀포기도 깔려
굳어진 동토에
바람도 얼어버린
겨울 골짜기

의미 없는 시간들이
나자빠진 느린 순간들

실오라기라도 잡고
바닥을 딛고 헤어 나오는
열기구처럼

시간의 골짜기를 벗어나
소망을 고이 업고
뛰어오르는
지혜의 간절함이여!

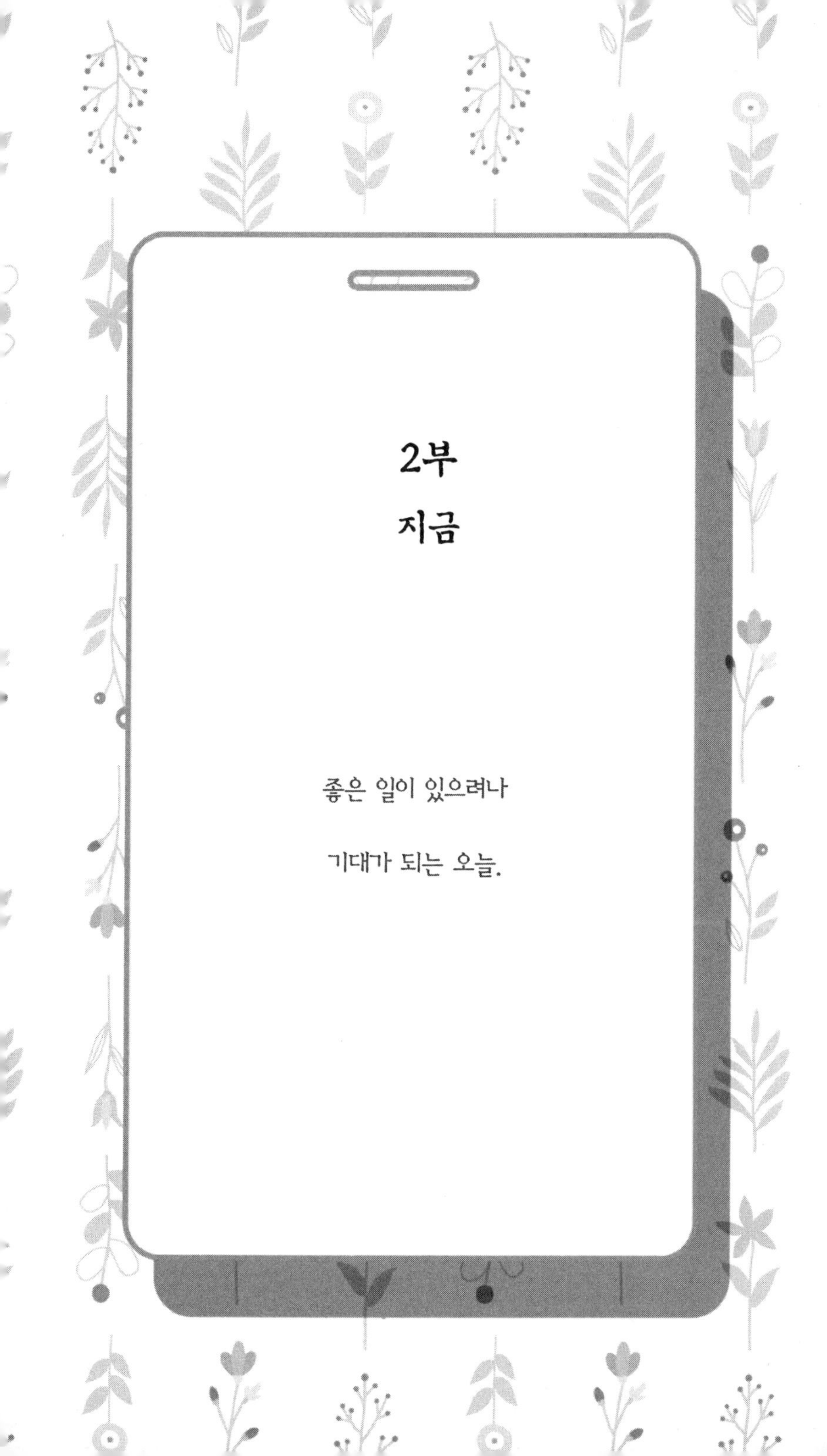

2부
지금

좋은 일이 있으려나

기대가 되는 오늘.

백일홍 5

싱싱한 젊은 입술이
삐뚤어지는가 싶더니

어느덧
백일홍 꽃잎에 살포시
가을이 내려앉는다.

따사로운 가을빛 향기에
마지막 절정을 토해내어
파르르 떠는 입술

아아
더욱 붉어지누나.

4월, 우러러보다

하염없이 봄비 내리던 날
사다리 걸어
하늘에 맞닿은 마음까지
비에 젖어 먹먹하다.

내일이면 괜찮으려나
또 내일 다가오면…
누가 꽃핀다고 피리를 불 것인가?
잔인한 4월

쓰나미처럼 몰려오는
관계의 비밀, 그 위기는
맹수 앞에 꼼짝 못하는
저 사슴이어라.

꽃핀다고 마냥 좋아했더냐.
비바람 쳐오면
떨어져 밟히는 저 분홍꽃
처절한 외침

맑게 갠 하늘 우러러
사랑한다, 미안하다
그 한마디 용기에
아직은 싱그러움 몰큰한 계절.

* 2014년 4월 16일 세월호 사고소식을 들으며

생명

어느 꽃이 저 혼자 핀다고 으시댈소냐
어느 새가 저 혼자 높이 난다고 자랑할소냐
어느 나무가 저 혼자 크겠다고 투정 부릴 수 있겠느냐

혹독한 겨울을 지낸 나무가 아름다운 꽃을 피우듯
의미 없이 피고 지는 생명은 없는 것이니
화사한 봄의 향기로 새들도 하모니를 이루는 것 아닌가

감히 저 혼자 피고 난다는 생명이 어디 있느냐
심한 아픔을 참아내는 어미의 몸부림과
껍질을 깨는 힘겨움을 이겨낸 생명들만이
맘껏 봄을 호흡하는 것이다.

갈꽃

갈대가 속을 비우는 것은
향기를 받아들이기 위해서인가
내음은 곧 갈꽃으로 피어
가을 밤 바람소리와 함께
별꽃으로 피기 위한 선물인가.

인연지기

산과 산을 이어주는 것이 메아린가 구름인가
땅과 하늘을 이어주는 것이 새들의 몫인가

소중한 인연들을 이어주는 지기들이 고마운 오늘
속내를 다 들여다보지 않아도
통하는 사람은 안다.
연(緣)이 아니면 스쳐 지나갈 뿐

신랑과 신부를 이어주는 것이 진정 사랑이던가
글쟁이들을 이어주는 것이 펜촉이던가
내 어머니는 *몽은(蒙恩)의 인연지기였다.
통(通)하지 않으면 스쳐 지나갈 뿐

오늘, 그대의 선한 눈빛과 몸짓이
온정을 기대게 하는 인연지기로다.

* 몽은 : 은덕(恩德)

시의 숲으로

코는 맥맥하고 입은 텁텁하고
가자미눈을 뜨고 걸어야 할 때는
시의 숲으로 가자.

미세먼지 우굴 거리는 매서운 바람 그 추위
잊어버리자 깨끗이 잊어버리자.

명치 끝 얼룩진 아픔의 과거가 있기에
오늘 진주처럼 빛나는 것

삶이 맥맥할 때는
무조건 시의 숲으로 가자.
한나절 시향의 초록빛에 마음이라도 씻어보리.

지금

오늘 당장 먹거리와
쓸거리가 없어도
그대를 만난 지금
난 세상을 다 가진 셈이오.

차별과 공평을
따지기 전
지금 이 순간에
그대와 함께 한다는 것이
나에겐 금보다 더 소중하오.

이 좋은 날, 지금
행복을 물어다 주는 그대가 있어
비록 시간을 깨무는 삶이라도
난 바꿀 수 없소
사양할 줄은 더욱 모른다오.

개망초

앙증맞은 꽃
흔들림 속
지독한 생명력

아무 관심 없어도
제할 바 다하는
소신 있는 꽃

너도 그러길….

공룡 화석관에서

누군가 들어갔던 갈대숲을 헤치고
백악기 시대로 들어가니
들려오는 공룡과 익룡의 소리 쟁쟁하다.

연흔과 퇴적층은
어머니가 지어주던 시루떡처럼
오랜 세월 곱게도 다져있다.

발걸음을 옮길 때마다 시끄러운
공룡의 소리가 귓전에 맴돌 때

나의 연수가 자랄수록
저 *연흔과 퇴적층처럼
남길 만한 그 무엇이 있던가

한 시대를 주름잡던
강한 자의 후예는
어디로 갔단 말인가?
그리고 저 발자국은….

흩어진 바람을 모아
흔적을 만들어 볼 일이다,
공존과 동행의 자국들을.

* 연흔 : 물결화석

옹이인생

얼마나 아플까
피눈물이 쏟아져도
가슴으로 울어야 하는데

가슴 한켠에
자리 잡은 옹이로 인해
곤란함이 생기나
상생을 배우니

주저앉고 싶어도
그럴 수 없음은
가슴 풀어
손 뻗으면
닿을 것 같기에.

봄날 스케치

라일락 꽃향에 코끝이 간지럽고
유채꽃 물감 푼 듯 질펀한데

*함실함실 두엄들이 들로 나와
용수철 마냥 갈아엎은
논바닥에 자양분 되니

질긴 독새풀 기승부리는
들녘에도 봄날은 간다.

단풍잎 별 조각으로 다가와
초록 미소 지으니
깊어진 촌로의 뒷짐질도 한가롭다.

새록새록 잠자던 *명지바람 일어나
봄 기지개 켠 나비처럼
교향악을 울리는 봄날의 오후

* 함실함실 : 삶은 물건이 푹 익어서 물크러질 정도로 된 모양
* 명지바람 : 보드랍고 화창한 바람

내포의 울림

깊은 잠에서 깨어난
도시들이 부스스 일어나니
충청의 상서로운 기운이
내포로 몰려온다.

지조와 충절의 기상이
역사의 물줄기 휘돌아 흘러
내포에서 분출하고

내포의 먼 미래를 향한
심장소리는 위민(爲民)의
큰 울림이 된다.

충청이여! 내포여!
꿈틀거려 생명이 약동하는
동서남북의 봉우리에서
새 옷으로 갈아입은
사계의 성근 들녘을 보라.

이제, 역사의 현장에서
경제, 문화의 융성과
아기자기한 인심으로
충청 내포의 온누리에
곱게 퍼지라.

상서로운 울림이
웅비하는 내포에
고른 선율이 되어
15개 시,군으로 유쾌히
번져 나가라.

꿈 마중

식구들 다 모인 날
바깥 재래식 화장실을
쓸 수밖에 없는 상황이다.

낡아빠진 판 위에
올라 앉아 일을 보는데
하늘나라 먼저 간
동생놈이 찾아와서
짓궂게 장난하더니

결국 똥통에 빠져 버렸다.
온 식구가 다 나와서
어찌된 일이냐고 하는 통에
감히 얼굴을 들 수 없게 됐다.

좋은 일이 있으려나
기대가 되는 오늘.

한 해의 끝자락에 서다

섣달그믐에
자동차 불빛 맞으며
금강 하구에 서 있다.

으름장 부리듯
시커먼 산들은
점점 사람을 포위하고

넘어간 해의 여운에
철새들 무리지어
하늘을 검게 수놓을 때

검은 빛 강물은
달려들 듯 기세당당하다.

오싹한 이 밤
외눈박이 가로등만이
내일을 비추며
나를 어루만지네.

왜개연

청초한 꽃대궁 드러내며
여름 일찍 몸단장한 너의 모습에
물밑에서도 오달지게 반하다.

못 먹던 시절 키 작은 누이처럼
저렇게 낮은 자리에서도
고울 수가 있는 건가.

항시 보이던 꾸밈없는 그 자태에
내 청춘은 애간장이 타는데
누가 너에게 도도하다 일렀는가?

물 아래 벼슬 없는 우렁이들은
너의 청순함에 마음 비워
다소곳이 머리 숙일 뿐이야.

바람의 길

소나무 한 그루 멋지게 뽐낼 때
어느 날 하늘 바람으로
우지끈 비명에 쓰러졌다
지나가는 이들이 한마디씩 한다.
그러니까 평소에 머리 좀 숙이지.

최후순간

립스틱 짙게 바른 여인처럼
곱게 단장한 빛고운 고추의 말 한마디
난, 지난 세월을 기억하지 않는다오.
다만, 지금 이 순간 그대에게
기억되고픈 생이고 싶으오.
내 한 몸 가루가 된다한들
후회 없는 꿈을 이루고 싶으오.
뜬뜬하고 정갈하게 몸을 씻고서.

고독에 물들다

그대 가는 길은 어디가 끝이더냐
도꼬마리 열매가 바짓가랑이에 달라붙듯
인정사정없는 빚쟁이들의 입방아에
가을 잎처럼 물들어 말라가는

든 버릇 난 버릇 어찌 고친단 말이더냐
착각해야 행복하다 했던가
벼랑에 선 마지막 바람이
가을 잎을 쓸어 갈 때
빚 꾸러미 안고 수렁을 바라보는
물새 같은 고독이여!

꽃무릇

눈부시다 우아하다
가까이 갈 수 없는 너에게
내가 어떻게….

가냘픈 몸매에
옷을 벗어야
진짜 모습을 볼 수 있다니
그것이 슬픈 것이다.

만날 수 없다면
아름답지나 말 것을

내가 널 어떻게….

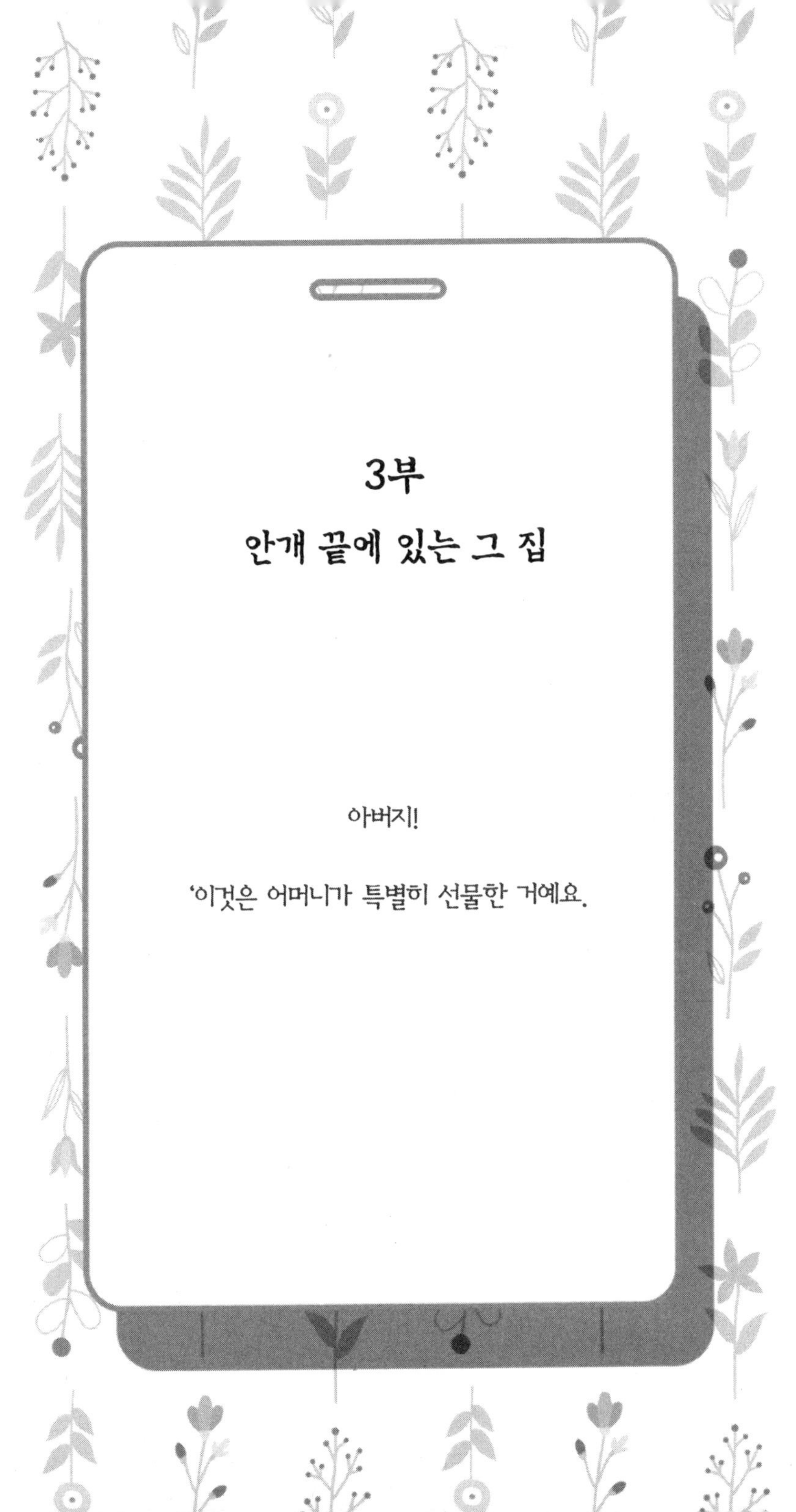

3부

안개 끝에 있는 그 집

아버지!

'이것은 어머니가 특별히 선물한 거예요.

하늘가에서 우는 별들

가난한 하늘가의 별들은 울고 있다.

자원하는 순결한 마음들이 빈민가를 찾았다.
가다가 바닷가 갯벌도 아닌 곳에 닭발처럼 딛고 주저하고 있다.
어디에 발을 디뎌야할지 두리번거리며 고민하는 것이다.
*뉴카멘 킹스키즈 유치원 가는 길

샛별처럼 맑게 빛나는 아양 짓한 눈동자들
햄버거를 먹기 위해 일 년 동안 적금 드는 착한 사람들
저들이 그리는 그림은 어떤 그림일까?

시궁창처럼 발 디딜 곳 없는 빈민가의 하늘만큼은
소름 돋을 정도로 맑기만 하다.

*필리핀 민다나오섬 다바오의 도시 밖 빈민가

고향집

솔 숲 오솔길 따라
안골로 가다보면
미루나무 서 있는
집 한 채가 있습니다

그 곳에 가면
비록
우렁이 등처럼 생긴
움막이지만

미주알고주알
살붙이들의 정이 흐릅니다

정성이 있고
사람향이 있습니다

나는 그 곳이 좋습니다

마냥 사랑스러워

하염없는 그리움이 내립니다.

꽃잎 떨어질 때

뚝뚝 떨어지는 빗방울에
꽃잎 힘없이 떨어질 때
진도 앞바다에서
세월호의 참상을 보고 말았다.

수많은 꽃들이
구명대 서로 사양하며
숨을 닫아야만 했다.

몰지각한 어른들의 욕심에
애꿎은 어린 꽃들이
활짝 펴보지도 못하고
그렇게 바다 속으로 침몰되었다.

세계 언론들의 꼬집는 기사와
실종자 가족들의 그 상처에
대한민국이 울어야 했다.

먹먹한 가슴
어느 때나 이 트라우마가 씻겨
웃음꽃 피우려나
기다려 보자, 그날을….

용서해 달란 말 차마 못해
미안하다, 정말 미안하다.

* 2014. 4. 16. 세월호 침몰 참사를 보며

휴대폰 소동

휴대폰이 어디로 갔을까?
"분명히 욋다 놨는디."
빨간 휴대폰은 호주머니에 쏙 들어간다.
어둠 속에 들어 간 휴대폰은 잠자는 듯 고요히 있다가
어느 날 아들한테서 전화가 오면 한참을 즐거워하시지
그런데 그 휴대폰이 사라졌다.
딸이 전화를 걸어 봐도 깊은 잠을 자는지 좀처럼 기척
이 없다.
가지런히 접혀진 속옷장까지 뒤적이고
화장실 변기 위까지 샅샅이 들여다본다.
"분명 욋다 놨는디"
가방 속 아구를 쩍 벌려 속을 들여다보지만
좀 전까지 들고 다녔다는 휴대폰은
그림자도 보이지 않는다.
온 식구들이 휴대폰 때문에 소동을 피울 때에
외손녀딸이 빨간 휴대폰을 들고 나타났다.
"요거 어디서 났니?"
"신발장에 있던데요?"

며칠 후 정신과 의사의 호출이다.

“당신은 정말 알츠하이머병입니다.”

사막기린

물빛이 보이지 않는 사막에도
가끔씩 안개가 몰려와
산자들만의 공존의 갈증을 푼다.

목이 길어 늙은 기린이 슬퍼 보이나
까치발로 얻은 마지막 이파리를
오물거리며 의기양양
사막의 우두머리로 살려는
본능의 결투로 젊은
패자는 영영 자리를 내주고 만다.

어릴 적 옆집 앉은뱅이 할매의
대가(代價) 있는 반쪽 호떡에서
삶의 치열함을 눈치 챘더라면

숨겨졌다 나타나는 *호아니브 강물에서
살길을 터득한 사막기린의 숨결처럼
여유만만을 누릴 것인데….

피사체의 비극을 면한 기린의
눈동자에 달빛이 내려앉으니
안개 속에서도 투영(投影)되어
사는 법을 아는 "늙음의 지혜가
패기 있는 젊음보다 낫다."며 오물거린다.

* 호아니브 강 : 국토의 대부분이 사막지대인 아프리카 서남부 나미비아공화국의 다마라랜드 지역에 있는 강으로서 우기 때에만 잠깐 물을 볼 수 있다. 대서양에서 일어나는 안개가 사막지대로 몰려가기도 한다.

그대여

격앙된 삶의 새까만 냄새로
쓰라린 맛을 보는 사람아
환경을 탓하는 굴레에서 벗어나
모든 것 내려놓고 속을 비우자.

속을 비운다는 것은
새벽에 젖은 풀빛 이슬의
청초함을 마시는 것과 같음이라.

속을 보여 주는 새벽 바람결에
훌훌 마음 찌꺼기를 털어 비우자.

그대여!
동토를 비집고 기어이 싹을 틔우는
저기 저 강인한 새봄을 보아라.
혹독한 소소리 바람을
여러 차례 마주친다 하여도
여지없이 오는 봄이 아니더냐.

행여나
들숨과 날숨으로 속을 비워
맥박 치는 두 팔 활짝 펴
미래를 마음껏 안아 볼 일이다.

키 선물

지인으로부터 키 선물을 받았다.
알곡은 모아서 안으로 들이고
쭉정이는 밖으로 내어 버리는 것
키 선물을 받고 난 후
하염없이 손실을 보기 시작했다.
지금까지 살아온 것이 쭉정이었단 말인가?
아직도 *애면글면 키를 까부는 중이다.
오늘도 내 것이 아닌 것은
찬란히 날아가 버린다는 진리 앞에서
무소유의 혹독한 애증을 경험하는 중이다.

* 애면글면 : 약한 힘으로 몹시 힘에 겨운 일을 해내느라고 온갖 힘을 다하는 모양

난중지난(難中之難)

하이에나가 몰려온다.
냄새를 맡았나 보다.

달려들 듯 빙빙 주변을
예의주시하며 돌고 있다.

모든 것 빼앗기고
이대로 저들의 밥이 될 것인가?

아니면 세상 밖으로 나가
모질게 싸울 것인가?

번뜩이는 결단과 시도(試圖)만이
살 길일 뿐.

빈처(貧妻)

보잘 것 없는 이에게
시집을 와
이십 오년을 더불어 살은
보랏빛 향기의 아내

때로는 기뻐하고
때로는 슬퍼하고
참 아찔하게도
가슴 아파 하기도 했다.

유혹의 싱크홀에 빠져
수 없이 서로의 가슴에
대못질을 하고
상처와 흙범벅이 되어 비칠거린 세월

아, 이제
촌음(寸陰)을 아껴

남은 세월은

연리지처럼 살아봤으면.

달팽이

집을 업고 다니니
힘들만도 한데
참으로 묘하다.
약한 것 같은데 강하고
가난한 것 같은데 부(富)하고
느린 것 같은데 빠름을 훈화하니
속살이 보인 흔적으로
삶을 깨우치게 하누나.

목련이 필 즈음

자줏빛 목련이 꽃등으로
마당을 환히 밝힙니다.

마음 그늘 없애려고
환히 웃어 보이는 어머니 얼굴

지난 세월
밟히고 상처받아도
질경이처럼
억세게 살아왔는데

자줏빛 털모자를 쓰고
가엽게도 몸져누운
어머니

오늘도 어머니는 창문 밖
삶의 뒤안길을 바라보며
마음에 등불하나 켜 놓았습니다.

안개 끝에 있는 그 집

끝도 보이지 않는 그 집
얼마나 가야 보일까
희뿌연한 조명처럼
한 치 앞도 알 수 없는 시절

가라! 두렁 끝에 있는 집으로
오늘 나무 멍에를 지고
내일 쇠 멍에를 진다해도
안개 젖히며 가라!

그리고 심히 그리워하자
안개 걷힌 선한 그 집

*징두리 너머로 들려오는
눈물겨운 웃음 빛깔 내음을
환하게 얼굴 맞대고
그리워하자.

* 징두리 : 집채 안팎 둘레의 밑동

길 위에서

길 가다 일행 중 한 명을 잊고
그냥 간다면 얼마나 황당할까
돌아가자니 시간 없고 앞으로 가자니 마음 무겁고

낙오자의 심정은 또 얼마나 애탈까
서로 수소문해 상봉했을 때의 기쁨은
얼마나 크고 다행스러운 일인가

고갯길 가다가 낙오자 만나면 더불어 가는
너그러움이 곧 나를 살리는 행운이거늘
훨씬 가볍게 콧노래 부르며 가는 내 걸음아.

장롱 들어오는 날

어머니!
깨끗하게 디자인된 새 장롱이
안방으로 들어오는 날
기쁨보다 슬픔이 몰려옵니다.
반쪽 주인만 맞아 주니

지난 달 서둘러 하늘나라 가신 어머니
한 없이 그립습니다.
살아생전 갖고 싶었던 장롱이
결국 어머니를 밀어내고
버젓이 자리하고 있습니다.

아버지는 펄펄 뛰십니다
"내가 살면 얼마나 산다고 새 장롱이냐
지금 있는 것도 좋기만 하구먼."

아버지!
'이것은 어머니가 특별히 선물한 거예요.

새로이 디자인 된 인생
아름답게 마무리 하고 오라고.'

*새터 가는 길

대숲 사이로 고향 길을 본다.

갱고개 너머 양지 밭 속속들이 얼굴 내민
여린 잎사귀 돋을 즈음
암탉이 병아리를 품듯이
소박한 둥지들이 옹기종기 모여 앉은 곳

굽이굽이 금강 줄기 따라 갈꽃 피어나
사계를 흔들어 논밭 갈아 풀빛 향 버성기고
산야에 먹거리로 풍성하여
늘 초동들이 시끌벅적 동행하던 곳

그 시절 하도 그리워
대숲 사이로 머언 먼 고향 길을 본다.
어머니의 포근한 음성이 들리던 곳
다가올 꿈들이 알알이 익어가는…

개밥바라기별이 뜰 무렵이면
미루나무 사이로 줄지어 기러기 떼 날아가고

하늘 무지개 빛 푸른 새터 둘레길은
대숲 사이로 본 추억이 영그는 머언 뒤안길

내 차마 그 곳을 어찌 잊을손가.

* 새터 : 서천군 마서면 도삼리 신기마을의 본이름

청기와 지붕 아래

대천 5일장 언저리로 가면
장터 비빔밥이 전문인
화랑향기 그윽한 먹거리 집이 있다.
미소와 친절, 청결이 배인
옥골풍채 주인 내외의 한 상 차림은
제살붙이에게 내어 놓듯
정성 깃들인 정갈함이 묻어난다.
어느 누구나 들르고픈
보글거리는 착한 먹거리 집
청기와 지붕 아래.

불씨

철부지는 불씨로 초가삼간 태우고
설부른 중년은 불씨로 가정을 파탄 내니
아서라, 그대여 자중하시게나.
이제부터는
화목의 불씨를 지르자.
가정에서부터 시작된
불씨가 이웃으로 번져
온 세상 환하도록.

무제

메일이 누적되면
쓰레기가 되고
피로가 누적되면
몸이 망가지기 시작하듯이
빚이 누적되면
집안이 순간, 기울어지느니.

흐뭇한 마음 누적되면
나와 이웃을 기쁘게 하여
행복이 울안으로 들어오는 것
좋은 일이 누적되면
삶의 질 높여 만끽됨에
사붓이 복이 들어오는 것이거늘.

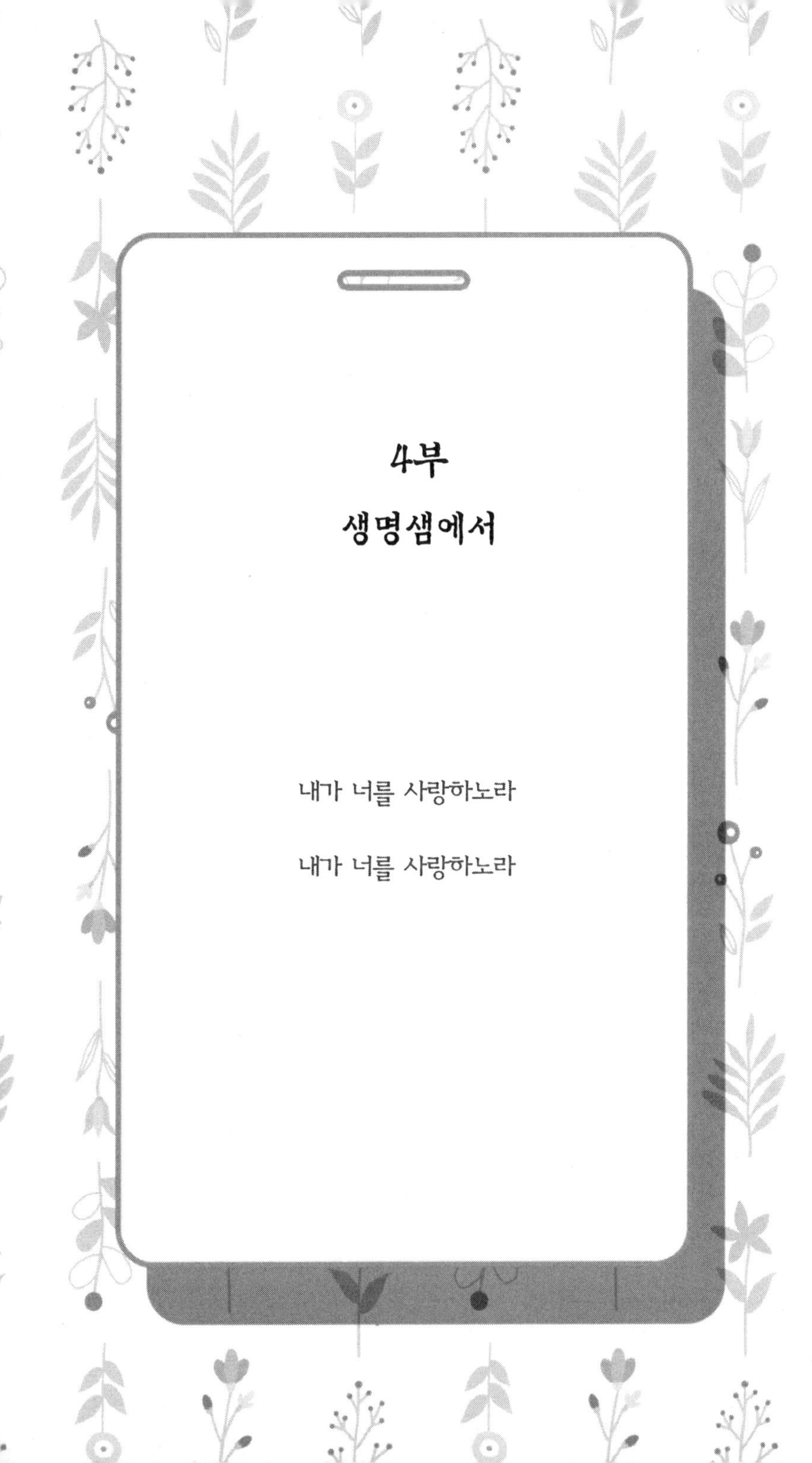

4부

생명샘에서

내가 너를 사랑하노라

내가 너를 사랑하노라

생명이 있음에

가슴이 펄떡인다
피가 달음질한다
가슴은 나를 만들어가고 있다
상큼한 내음을 피우라고.

마취를 하여 잠시
신경이 잠든다하여도
맥박이 뛰면 살아있는 것 아니겠는가?

맥이 뛰지 않은 내 아우는
구름처럼 살며시 날아올라
하늘에 별이 되었다.

나를 만들어가는 움직임에
감사기도 드릴 때 하늘음성 들린다
상큼한 내음을 피우며 살라고.

샤론의 수선화여!

샤론의 수선화여!
오늘, 거룩한 떨림이 있는 이 순간
결단의 힘 주셨으니
아름다운 주의 나라가
이 땅에 이루어져
생명 다할 때까지 그 다짐
이어지게 하사 충성하리.

이 자리에 서기까지
많이 주저하며 고민했습니다.
이제 거듭남의 비밀을 알아
제2의 생을 목양에 힘써
아플수록 내 인격과 신앙이 깊어져
양떼를 헤아릴 수 있는
눈과 마음으로
그리스도의 형상을 품게 하소서.

샤론의 수선화여 향기 발하사
제자들의 발을 씻어

진정한 섬김의 본을 보이셨으니
영혼구원을 위해 눈물 뿌려
섬김의 종이 될지어다.
시험과 유혹이 닥쳐 올 때에
두려워하지 않는
당당한 승리의 깃발을
높이 세우는 종이 될지라.

요단을 마른 땅으로 걷게 하신
기적의 하나님
지금, 여호수아와 그 백성들처럼
오직 주의 말씀이
나의 등불이 되사
좌우로 치우치지 않는
삶의 디딤돌이 되어
악에서 떠난 나의 발이
되게 하소서.

이제 나의 머리에
야훼의 영이 강림하사
기름 부으심에
나로 하여금 사명을 일깨워
기쁨으로 주의 길 가게 하소서
그 걸음을 선하게 인도하소서.

목양의 터 위에
이른 비와 늦은 비를 적절히 내려 주사
새 포도주와 기름이 넘치게 하소서
성령충만으로 섬겨
은혜의 강을 이룰지라.
그리하여, 주님 다시 오실 때에
두 손 높여 기뻐 맞으리.

샤론의 수선화여!
갇힌 자들에게 자유를 주시며
하나님의 은총을 누려
그리스도의 보혈과

성령의 인치심으로 나를 감추시고
십자가의 능력을 경험하며
진실로 자랑하리로다.
모든 영광 받으소서
할렐루야!

포도원의 빛

지난 밤 꿈속에서 내 주 뵈올 때
영원하신 주님 팔로 품어 주시더니
새벽 어둠을 가르고 생명 빛 비추사
찬 이슬에 영롱히 빛나는 선한 열매들

기름진 산야에 포도원이 있음이여
사랑하는 자에게
좋은 열매 맺히리라.

주님은 오늘도 포도원을 가꾸라 하시네.
'예' 하고 순종하니 더욱 은혜로다.

어제의 비바람은 물러가고
이제 고요 속 형상, 평강의 빛으로
밝게 비추라
주 사모하는 이들에게….

그리하여 주의 영, 자유의 빛이
세상 밖에 두루 비추니

주를 따르는 자 심히 많도다.

아골 골짜기에
예수의 빛, 십자가의 빛으로
저들을 살리리라
주님이 기뻐 춤추는
은총의 땅 포도원이 될지라.

주님! 이곳에 임재하사
빛의 자녀들에게
성령을 경험하는 기적과
은사를 통한 예수 생명,
소망의 빛을 주는
주의 성산이 되게 하소서!

성령의 깃발을 들고

먼 길 돌고 돌아 이곳에 오기까지
은혜로운 동산에 머물러
에벤에셀로 함께 하신
주님께 영광 돌릴지어라.

새 영을 받아
돌 같은 마음이 제거되고
살처럼 부드러운 마음으로
주의 말씀을 지키라.

만복음이 깃들어
이 복음 받는 자마다
저들의 영혼이 평안할지어다.

선한 목자는 아름다운
열매를 맺어야 할지니
진리를 분명히 알아
실천, 또 실천하는
이 곳 영적 포도원이 될지라.

지금, 성령의 불길이 복음을 실어
차령의 끝, 한내로 흐른다
순복음으로 흐른다.

충성된 종들이여!
한내 순복음이여!
주님 오시는 그날까지
받은 은사대로 변치 않고
이 사명, 이 명에
기쁨으로 감당하여라.

21세기 큰 비전은
오직 믿음, 오직 충성
절대 감사, 절대 성령
담쟁이 넝쿨처럼
절망의 벽을 넘어
소망의 순복음으로 오르자.

이제, 성령의 깃발을 들고
빛으로 소금으로 세상을 향해
할렐루야!

* 2016. 9. 3. 한내순복음교회 입당감사예배 때 시낭송하다.

마음 펴기

한산 모시옷도 다림질로
주름을 펴야 제 멋이 난다.
인생의 실패로 체면이 구겨지면
아연히 앙당그러진다.
심한 상처를 받은 자는 마음이 구겨져
절절한 통증을 호소한다.
그들의 아픔이 성령의 능력으로
마음 주름을 펼칠 때에
환한 기쁨으로
회복된다는 것을 너희는 아느냐.

거울을 보며

거울은 나보다 먼저 웃거나
행동하지 않는다.

메아리는 없을지라도
분명 반응이 있다.

내가 환한 옷을 입으면
환한 모습 보여주고

내가 하얀 이 보이며 웃으면
웃는 치아를 그대로 보여준다.

상처난 모습을 보여주면
그대로 그 상처 보여주고

주름살 가득한 마음 보여주면
아뿔사, 그대로 보여주니

너부터가 아닌
나부터 달라지라고
위엄스레 일러 주는 거울.

회복

바로의 채찍에서
벗어났건만
그대는 아직도
애굽을 그리워하느냐?

운명에 맡겨 사는 자도
아니건만
어찌 옛것을 그리워하느냐?

나일강에 버려진
비참한 신세이건만
책임져줄 자도
슬퍼할 자도 없도다.

강인한 자여, 이스라엘이여
돌이켜라
돌아오라 인생이여

헐벗은 몸
치욕스런 삶도
내가 너를 회복하리라
치유하리라.

냉수 한 그릇

하루에도 몇 번씩
악몽을 꾸어
땀이 송글송글 맺는
몸뚱아리를
양껏
시원케 하는 것은
오직
냉수 한 그릇.

내가 여기 있나이다 나를 보내소서

할렐루야!
보잘 것 없이 허물 많은
벙어리 같은 나를 부르시어
몸 된 교회의 지체가 되게 하시니
감사합니다.

아니 그래도 되었는데…
정말 아니 그랬다면
영원한 불못으로 가는 것인데
마지막 손길 내밀어 내 손 잡아 주셨습니다.

그래, 많이 힘들었지?
많이 고달팠지?
그러나, 잘 견디었도다
참으로 장(壯)하도다
이제 내가 세상 끝날까지
너와 함께 하리라.

온갖 두려움과 망설임에서
결단의 자리로 용기 주시니
순종하겠나이다
나를 보내소서.

내가 너를 사랑하노라
내가 너를 사랑하노라

오늘도 부르시며 감싸 안으시니
연약한 나를 회복시키시어
새롭게 헌신을 다짐하며
등불 되라 하시네
세상 빛이 되라 하시네.

사막의 밤을 지날 때에
잘 견뎌내어
찬란한 새벽을 맞이하듯
내가 숨 쉬는 동안 고난을 이기며
오직 십자가만 자랑하는

*늘빛이 되어
어린아이처럼 주를 섬기게 하소서.

검은 빛 물든 세상에서도
늘 말씀의 빛으로
살아가게 하소서
주께서 부르실 때에 지체 말고
'내가 여기 있나이다.
나를 보내소서'
먼저 일어서는
참된 종이 되게 하소서.
일꾼 삼으소서.

* 늘빛 : 목회자들로 구성된 단체이름
* 2016년 10월 3일 강화나눔수양관/ 제2회 늘빛하모니수련회에서 낭송하다

무화과

좋은 무화과는
어디를 가도 환영받지만
나쁜 무화과는
조롱과 저주만이 있는 거야.

뱀들이 우글거리는
절망의 바닥에서도
선택된 자는
기어이 나올 수 있는
사다리를 볼 수 있음이야.

간악을 모르는
좋은 무화과로 살 수 있다는 것은
드넓은 초원을 그리는
가슴 두근거림이 있기 때문이야.

상생

새들의 모이에 불과한
작은 겨자씨 하나가
바람을 이기고
추위와 더위를 극복하여
서서히 나무로 자라간 끝에
큰 가지를 내는 날이 오면
오히려 적(敵)이었던 새들이
가지에 깃들어 생명을
보호받는다는 진리.

생명샘에서

주님!
목마릅니다.
나는 목마릅니다.
세상 어디를 가 봐도 무엇을 해도
내 영혼의 목마름을
해결해 주지 못했습니다.
갈증을 이기지 못해
상처투성이로 쓰러져도
누구하나
돌보지 않았습니다.
하지만 이제
흘러넘치는 생명샘을 만나
드디어 해갈의 큰 기쁨을
맛보았습니다.

주님!
이제는 내 것을 포기하고
사람을 기쁘게 하기보다는
하나님의 영광을 위해

낮은 자리에서
생명 다해 헌신하겠나이다.
생명샘으로 인하여
인생을 걸 만한 까닭에
상한 자를 찾아 복음 주어
영혼의 자유와 평안함의
복락을 누리게 하소서!
하늘 면류관으로 갚아주옵소서!
축복의 통로가 되게 하소서!

사명(使命)

난초 하나가
척박한 분(盆) 안에서
시간살이를 한다.

드디어
때가 차매

오체투지로
정열을 쏟아
꽃을 피우는 자태는

경이(驚異)를 넘은
숭고(崇高)한 사랑이어라.

우리가 지란지교

그리운 이들을 만나기 위해
단숨에 서산까지 갔다.

정을 풀어 푸짐한 소나기밥과
소도록히 영글은 마주 이야기는
소르르 숨은 상처들이 치료되는 순간

저마다의 소신과 철학으로
복음 밭을 일구는 얼굴들이
속이 풀리듯 멋져 보인다.

청록의 꿈들이 큰 산을 이뤄
정상으로 발돋움 하는 당당함이

모름지기 서로의 가슴과 가슴을
옥수(玉水)와 같이 이어주고 다지어
찬연(粲然)한 무지개 빛 소나타를 이룬다.

나 靈魂의 때를 生覺하라

主님이 나를 부르셨습니다.
앞이 캄캄하여도 이끄시는 대로 왔습니다.
主님께서 지금도 일하십니다.
海美고을에 十字架를 높이 세워 주셨습니다.

나, 靈魂의 때를 生覺하며
切迫한 맘으로 勤愼하여
깨어 祈禱하게 하소서.
歲月을 아끼며…

한 걸음씩 世上으로 나아갈 때
主를 즐거이 부르며
慈悲하심과 베푸신 恩惠에
感激의 물결이 출렁이게 하소서.

나는 아버지의 것입니다.
海美 純福音은 아버지의 것입니다.
아버지의 榮光이 함께하는 敎會
靈魂 살리는 敎會

眞理가 宣布되어지는 敎會
世上에 무릎 꿇지 않고
예수 앞에 무릎 꿇는 敎會가 되어
엘리야처럼 勝利케 하소서.

나는 또한 아버지의 것입니다.
나, 靈魂의 때를 生覺하며
主의 誡命을 지켜 순종케 하소서.
꿈에서도 永生福樂 天國을 그리며
이 땅에 準備된 밀알로 살게 하소서.
그리하여, 거룩한 몸부림으로 因해
뜨거운 純福音의 光彩가 海美고을을
덮을 때까지….

*2017. 9. 23. 海美純福音敎會 聖殿建築後 入堂禮拜 祝詩

성령의 불꽃이 되어

하나님의 부르심에 나
순종의 마음으로 주의 길 가려 하네
세상의 부귀영화 버리고
유혹스런 명예도 내려 놓으리.

한 마리의 길 잃은 양을 위해
상처 난 영혼들을 찾아 나선
진실한 목자의 심정으로
오직 복음 전파에 힘쓰리
성령의 불꽃이 되어.

복음의 씨앗을 눈물로 뿌려
기쁨으로 거둘 때까지
참고 기다리겠습니다
어둔 골짝 빈들에서도
찬송하며 십자가의 길을
가겠습니다.
아름다운 복음의 향기가
온누리에 피어나기를 기도하며

활활 타거라!
성령 충만의 열정, 그 사랑
한 생명, 한 영혼을
보석처럼 아끼며
달란트를 감당하는 지혜로운
목회자로 거듭나라.

그러기 위해 오늘
예리한 눈매로 주의 성산에서
나의 인격을 연마하며
마음 열어 더욱 배우겠습니다.
겸손한 마음으로.

자! 이제 우리
일어나 함께 갑시다.
성령의 불꽃이 되어
그리스도의 계절이 오기까지….

주의 일에 힘쓰겠습니다

높으신 주님!
인생길 방황의 늪에서 건져 주시어
주의 자녀가 된 것도 감사한데
목사의 직임까지 주시다니
놀라운 주의 사랑에 감격할 뿐입니다.

본분을 지켜 이 사명, 이 명에
감당케 하옵소서.
곁눈질 하지 않고 푯대를 향하여
주의 일에 힘쓰게 하소서.

저에게 맡겨준 양떼를 지키겠습니다.
돌보겠습니다.
양의 문으로 인도하는 선한 목자
되게 하소서.
말씀 꼴 먹이는 근면한 목자 되게
하소서.

가난한 마음 주시사
더 낮은 자세로
뜨거운 새벽 무릎으로
열방을 향한 열정의 가슴으로
한 생명, 한 영혼을
뜨겁게 품는 사역자가 되게 하소서.

사랑의 주님!
주께서 쓰시는 동안
좋은 소문을 이끌어 내어
그리스도인으로서 이름값 하는
인격의 종이 되게 하소서.

해와 빛과 달과 별들이
어둡기 전에 주의 일에 힘써
부끄럽지 않은 충성된 목양길
가게 하소서.

그리하여 '예수께로 돌아가는 교회'를
꿈꾸며 크신 주께 영광 돌립니다.
할렐루야!

* 2016년 9월 26일 김광현 목사 안수에 맞춰

기도

닦아 놓은 꽃길을
걷는다는 것은
누군가의 깊은 눈물이
있어서입니다.

바람 불어도
안락을 원하는
마음의 길은
다시금 눈물로 열립니다.

새벽강을 건너는 자만이
꿈의 길로 한 걸음
다가선다는 것을
어찌 모른답니까?

어느 하루

해저터널을 통과하고
아기자기한 풍경을 주는 거가대교를 지나
서목마을에 들어왔다.

뜨거운 여름도 살라먹은 9월이
가을 빛 몰고 오는 마을

아담한 해수욕장을 낀 확 트인 푸른 바다
그 앞바다에서 사랑하는 동역자들과
세상의 귀를 막고 낚시하는 한가로움에
화목과 어울림을 낚았다.

한 상 가득 차린 사랑 밥상엔
풍요와 정성이 즐비하고
방금 잡은 물고기 속살로 구수한 입담과 함께
미소 벙글어 맛보는 멈춰 선 오후시간

나는 세속에 부딪치는 일들을 과감히 내려놓고
거제 앞바다에 근심을 죄다 빠뜨리고 돌아왔다.

*너와마을에서

이른 아침
물안개가 산허리를 감고
물소리 새소리
너와마을에
엊저녁 *늘빛 사역자들이
임시 둥지를 틀었다.

목양의 우리를 잠시 벗어나
새로운 충전의 시간
비바람 헤치고 모여
소박한 시간을 버무린다.

오늘은 또 무슨 일을
만날까?

어둠을 가르는
광명한 빛줄기처럼
고됨도 즐기고
아픔도 버성겨 맞아

먼 훗날 그분 앞에 설 때

면류관 받을 수 있다면….

* 너와마을 : 강원도 삼척시 도계읍 문의재로 1113에 소재한 정보화 마을

* 늘빛 : 목회자들로 구성된 단체이름

꽃길로

그분과 꽃길을 걷고 싶다면
가진 것을 내려놓아라.

때때로 내 열정과 상관없이
벼랑 끝으로 몰리는 인생길이란
심한 가뭄 끝에 쩍쩍 입 벌리는
골다공의 고통을 안고서 오는 길

지금도 뒤돌아보면
여전히 작살을 들고
공격해 오는 이들이 있다.
무슨 수로 피할까?

걱정을 삼켜버린 들꽃과 새들이
마냥 부러울 뿐이다.

입안에서 절망의 독한 냄새가 피어나고
어깨는 하염없이 무너져 내릴 때

그분과 함께
생명의 길을 순탄히 걷고 싶다면
마땅히 짐을 내려놓아라.

비밀

벧엘에서 잠자는 야곱이
하늘 길을 보았다.
그리고 돌베개 하던 그 자리에서
축복을 빌며 서원을 했다.

가련한 인생들은
땅에서 무엇을 찾으려 한다.
그러나, 희미한 삶의 여정에서
진정 보화는 하늘에 있다는 것을
어찌 모르는지

그 비밀을 아는 자는
오늘도 감사의 눈물로 엎드린다.
그분과 소통할 때
문제가 풀리고
매듭들이 풀어진다는 로고스를 믿기에.

신앙의 신실함과 정서의 오롯함

— 조현곤 3시집 『인연지기』를 읽고

문학평론가 리 헌 석
충청예술문화협회 회장

1. 정서의 오롯함을 찾아

조현곤은 2005년에 『서울문학』의 신인상을 받아 등단한 후, 1시집 『그리움의 시작』(2006), 2시집 『행복의 영토』(2012)를 발간한 시인이다. 그는 지치고 아파하는 영혼을 지키는 목회자의 사명을 다하면서, 시를 통하여 신앙의 신비와 서정의 물결을 독자들과 나누는 시인이다. 이스라엘 선조들이 시편(Psalms, Psalter)을 통하여 하나님께 영광을 드리듯이, 그 또한 시 창작을 통하여 오롯한 정서와 신앙의 신실함을 투영하고 있다.

조현곤 시인의 3시집 『인연지기』에 수록된 작품을 독자들보다 먼저 정독하면서, 물결처럼 밀려오는 감동을 공유하게 되었는 바, 이를 간략하게 정리하고자 한다.

특정 종교의 성직자들은 대부분 자신이 신봉하는 신앙의 여러 요소들을 노래하되, 집중적으로 몰입하기 때문에 다른 종교를 가진 사람들과의 정서적 공유가 어려울 수도 있다. 그러나 조현곤 시인은 신앙을 노래한 작품과 함께, 순수 서정시도 많이 빚어 정서적 공유를 가능하게 한다. 그 서정시들이 담결(淡潔)하고 정갈하다.

솔 숲 오솔길 따라
안골로 가다보면
미루나무 서 있는
집 한 채가 있습니다.

그 곳에 가면
비록
우렁이 등처럼 생긴
움막이지만

미주알고주알
살붙이들의 정이 흐릅니다.

정성이 있고
사람향이 있습니다.
나는 그 곳이 좋습니다.

마냥 사랑스러워
하염없는 그리움이 내립니다.

—「고향집」 전문

시인은 고향인 충남 서천의 고향집을 노래하였을 터이지만, 시골에 고향을 둔 독자들은 이 작품을 통하여 아늑한 향수(鄕愁)에 젖게 마련이고, 시인과 동일한 정서적 공감대를 형성하게 될 것이다. 이 작품을 읽은 필자 역시 고향인 충남 공주의 산천과 사람들이 그립고, 때로는 고향에 임재(臨在)한 듯하여 가슴이 먹먹함을 느낀 바 있다.

그러나 이 작품처럼 아름다운 고향은 찾아보기 힘들게 변모하였다. 〈우렁이 등처럼 생긴/ 움막〉도 거의 사라졌을 터이고, 〈나는 그 곳이 좋습니다./ 마냥 사랑스러워/ 하염없는 그리움이 내립니다〉라는 절창은 부재(不在)에 의하여 생성된 그리움으로나 남아 있을 것이다. 그리하여 그는 〈끝도 보이지 않는 그 집〉을 그리워하는 것이며, 〈징두리 너머로 들려오는/ 눈물겨운 웃음 빛깔〉까지 그리움의 대상이다. 이러한 그리움은 어머니와 아버지, 그리고 그리운 사람들로 확장된다.

자줏빛 목련이 꽃등으로
마당을 환히 밝힙니다.

마음 그늘 없애려고
환히 웃어 보이는 어머니 얼굴

지난 세월
밟히고 상처받아도
질경이처럼
억세게 살아왔는데

자줏빛 털모자를 쓰고
가엽게도 몸져누운
어머니

오늘도 어머니는 창문 밖
삶의 뒤안길을 바라보며
마음에 등불하나 켜 놓았습니다.

—「목련이 필 무렵」 전문

홀로 남은 아버지에게 새 장롱을 사드리는 과정을 노래한「장롱 들어오는 날」에서는 어머니가 소천하시고 아버지만 생존해 계신다. 그러나「목련이 필 무렵」에서는 어머니까지 생존해 계신 상황으로 그려져 있다. 〈자줏빛 털모자를 쓰고/ 가엽게도 몸져누운/ 어머니〉로 구체화되었기 때문이다. 어머니의 '자줏빛 털모자'와 '자줏빛 목련'의 교집합(交集合) 이미지가 작품의 본질을 이룬다. 이 바탕에서 〈마음 그늘 없애려고, 환히 웃어 보이는 어머니 얼굴〉도 떠오르고, 〈삶의 뒤안길을 바라보며/ 마음에 등불하나 켜〉 놓으신 어머니를 애잔하게 그린다. 독자들도 이러한 그리움과 사랑에서 가슴 먹먹한 정서를 공유하리라 믿는다.

그는 〈지난 세월/ 밟히고 상처받아도/ 질경이처럼〉 살아온 어머니를 통하여 '아내'에 대한 미안함을 담아낸 「빈처(貧妻)」 역시 오롯하고 안타까운 정서를 표출한다. 이렇게 안타까운 정서가 발발되는 날이면 그는 「시의 숲으로」 들어간다. 〈삶이 맥맥할 때는/ 무조건 시의 숲으로 가자/ 한나절 시향의 초록빛에 마음이라도 씻어보리.〉라고 노래한다. '맥맥하다'는 '기운이 막혀 답답하다' '대처할 방법이 잘 생각나지 않아 답답하다' '막혀서 숨쉬기가 힘들고 갑갑하다'는 상황을 표현하는 단어인데, 이런 상황이 닥치면, 그는 시 창작에 나선다. 시 창작이야말로 시인에게는 정신적 피난처이자 영혼의 안식처로 기능하기 때문이다.

2. 신앙의 신실함을 찾아

조현곤 시인이 드리는 '기도'는 신앙의 다양성을 담보한다. 그는 단순히 손을 모은 기도만으로 만족하지 않고, 신앙의 꽃길을 만드는 사람이 되고자 한다. 3시집의 「기도」에서 이와 같은 그의 진심이 보인다. 〈닦아 놓은 꽃길을/ 걷는다는 것은/ 누군가의 깊은 눈물이/ 있어서입니다.// 바람 불어도/ 안락을 원하는/ 마음의 길은/ 다시금 눈물로 열립니다.〉라고 노래한다. 우리는 누군가가 땀과 정성과 눈물로 만든 꽃길을 걸어간다. 또한 그런 꽃길을 만드는 누구인가는 수많은 타자(他者)들이 이용하기를 기대한다. 이런 마음으로 조현곤 시인은 새벽강을 건너는 자만이 꿈의 길로 한 걸음 다가선다는 진리를 작품에 투영한다.

양들을 이끄는 목자들의 사랑과 정성으로 영혼의 꽃길은 만들어진다. 부름을 받은 사람이라고 할지라도, 아름다운 그 길을 걸어가려면 자신의 욕심을 내려놓아야 한다. 그는 「주의 일에 힘쓰겠습니다」에서 〈주의 자녀가 된 것도 감사한데/ 목사의 직임까지 주시다니/ 놀라운 주의 사랑에 감격할 뿐입니다〉라고 주를 찬미한다. 그리하여 가진 것을 내려놓을 수 있도록 〈가난한 마음 주시사/ 더 낮은 자세로/ 뜨거운 새벽 무릎으로/ 열방을 향한 열정의 가슴으로〉 거듭나기를 하나님께 간구한다.

그분과 꽃길을 걷고 싶다면
가진 것을 내려놓아라.

때때로 내 열정과 상관없이
벼랑 끝으로 몰리는 인생길이란
심한 가뭄 끝에 쩍쩍 입 벌리는
골다공의 고통을 안고서 오는 길

지금도 뒤돌아보면
여전히 작살을 들고
공격해 오는 이들이 있다.
무슨 수로 피할까?

걱정을 삼켜버린 들꽃과 새들이
마냥 부러울 뿐이다.

입안에서 절망의 독한 냄새가 피어나고
어깨는 하염없이 무너져 내릴 때
그분과 함께
생명의 길을 순탄히 걷고 싶다면
마땅히 짐을 내려놓아라.

—「꽃길로」 전문

이 작품의 서두와 결미는 동일한 유형이어서 수미상관(首尾相關) 기법을 원용(援用)하고 있다. 서두에 주제를 담은 두괄식 내면을, 결미에서 다시 한 번 반복함으로써 강조의 효과를 기대하는 양괄식 구성이다. 〈그분과 꽃길을 걷고 싶다면/ 가진 것을 내려놓아라〉와 〈그 분과 함께 / 생명의 길을 순탄히 걷고 싶다면/ 마땅히 짐을 내려놓아라〉에서 '내려놓아라'라고 명령형 어미를 사용하고 있는데, 이는 자신에게 당부하는 자성의 의미를 띤다. 나아가 이 작품을 읽을 불특정 독자들에게도 권고하는 중의성을 띠고 있다.

이 작품에서 '짐'은 '욕심'과 통하는 것 같다. 마태복음 19장 24절의 〈낙타가 바늘귀를 통과하는 것이 부자가 하늘나라에 들어가는 것보다 쉽다〉는 성경 구절에서 보는 것처럼, 또는 마태복음 5장 1절의 〈마음이 가난한 자는 복이 있나니 하늘나라가 저의 것이요〉에서 보이는 것처럼,

자신의 욕심을 버리는 것과 내려놓아야 할 '짐'이 일치하고 있다. 그리하여 그는 「인연지기」가 되기를 자원한다. 〈소중한 인연들을 이어주는 지기들이 고마운 오늘/ 속내를 다 들여다보지 않아도/ 통하는 사람은 안다〉 〈오늘, 그대의 선한 눈빛과 몸짓이/ 온정을 기대게 하는 인연지기로다.〉라고 자신의 소명을 되새기는 시인이다.

벧엘에서 잠자는 야곱이
하늘 길을 보았다.
그리고 돌베개 하던 그 자리에서
축복을 빌며 서원을 했다.

가련한 인생들은
땅에서 무엇을 찾으려 한다.
그러나, 희미한 삶의 여정에서
진정 보화는 하늘에 있다는 것을
어찌 모르는지

그 비밀을 아는 자는
오늘도 감사의 눈물로 엎드린다.
그분과 소통할 때
문제가 풀리고
매듭들이 풀어진다는 로고스를 믿기에.

—「비밀」 전문

서두의 '벧엘'은 창세기에 나오는데, 하나님과 야곱의 소통과정에서 만나는 지역이다. 전능하신 하나님과 야곱이 만난 지점의 새로운 이름이며, 야곱이 하나님의 말씀에 순종하여 단(壇)을 쌓은 곳이다. 이곳에서 야곱은 하나님으로부터 '이스라엘'이라는 새 이름을 받았으며, 〈나는 전능한 하나님이니라 생육하며 번성하라 국민과 많은 국민이 네게서 나고 왕들이 네 허리에서 나오리라〉 축복을 받은 곳이며, 하나님께 축복을 간구하며 서원한 곳이다.

시인은 눈물로 기도하는 것이 하나님과 소통하는 것임을 알고 있다. 이것이 진정한 보화라는 것을 확인한다. 그리하여 〈먼 길 돌고 돌아 이곳(한내순복음교회)에 오기까지/ 은혜로운 동산에 머물러/ 에벤에셀로 함께 하신/ 주님께 영광 돌릴지어라〉라고 감사하는 목회자의 자세를 취한다. 〈선한 목자는 아름다운/ 열매를 맺어야 할지니/ 진리를 분명히 알아〉 영적 포도원으로 거듭나기를 소망한다. 이렇게 함으로써, 목회자 직분에 헌신할 것을 야곱처럼 서원한다.

3. 문학적 표현을 찾아

시는 '무엇'을 말하는 것도 중요하지만, '어떻게' 노래하느냐가 더 중요하다. 같은 주제를 드러내거나, 독특하고 개성적인 제재를 찾아 완성하더라도, 표현의 수준에 따라 예술성은 다르게 평가된다. 철학에서의 직설적 서술, 문학에서의 비유와 상징, 두 문체의 특성은 판이하게 다르다. 말하자면 같은 사물에 대한 작품이라도, 표현의 특성에 따라 감동의 색채가 달라진다. 빛이 유리를 투과할 때, 평면에서 투명하게 통과하기도 하고, 프리즘에 따라 빛의 굴절로 인해 다양한 색채를 형성하는 것과 같다. 조현곤 시인은 주제를 중심으로 빚는 신앙시에서도 표현의 다양성을 추구하지만, 순수 서정시에서 더욱 예술성 높은 형상화를 추구한다.

(가) 소나무 한 그루 멋지게 뽐낼 때
어느 날 하늘 바람으로
우지끈 비명에 쓰러졌다
지나가는 이들이 한마디씩 한다
그러니까 평소에 머리 좀 숙이지.

—「바람의 길」 전문

(나) 그대 가는 길은 어디가 끝이더냐
도꼬마리 열매가 바짓가랑이에 달라붙듯
인정사정없는 빚쟁이들의 입방아에
가을 잎처럼 물들어 말라가는

—「고독에 물들다」 일부

(다) 깊은 잠에서 깨어난
도시들이 부스스 일어나니
충청의 상서로운 기운이
내포로 몰려온다.

—「내포의 울림」 일부

(라) 유혹의 싱크홀에 빠져

수 없이 서로의 가슴에
대못질을 하고
상처와 흙범벅이 되어 비칠거린 세월
— 「빈처(貧妻)」 일부

임의로 뽑아 본 4편 모두 비유와 상징에 의하여 예술성을 확보하고 있다. (가)에서는 바람이 불어 비명에 쓰러진 커다란 소나무와 안하무인으로 살아온 사람을 비유하고 있다. 〈그러니까 평소에 머리 좀 숙이지〉라고 맺은 결미가 절창이다. (나)에서는 표현의 멋이 일품이다. 〈그대 가는 길이 어디더냐〉고 물으며, 그 사람이 진 빚이 많은 것을 고도의 은유를 통하여 〈도꼬마리 열매가 바짓가랑이에 달라붙듯〉이라고 표현한다.

또한 애향심을 환기하려는 목적시 (다)에서도 활유법이 뛰어나다. 〈깊은 잠에서 깨어난/ 도시들〉 〈도시들이 부스스 일어나니〉 〈상서로운 기운이/ 내포로 몰려온다〉 등의 의인법 역시 개성적이다. 그리고 가난한 아내에게 미안한 마음을 전하고, 행복하게 살고자하는 (라)에서도 〈유혹의 싱크홀〉이라는 고도의 은유가 확인되며, 〈서로의 가슴에/ 대못질을 하고〉 있다는 의유와 과장, 〈비칠거린 세월〉에서 보이는 고도의 활유 등 비유법의 다양한 양상을 확인하게 된다. 조현곤 시인은 이처럼 다양한 표현법을 적합하게 원용하는데 비상한 자질을 보인다.

누군가 들어갔던 갈대숲을 헤치고
백악기 시대로 들어가니
들려오는 공룡과 익룡의 소리 쟁쟁하다

연흔과 퇴적층은
어머니가 지어주던 시루떡처럼
오랜 세월 곱게도 다져있다

발걸음을 옮길 때마다 시끄러운
공룡의 소리가 귓전에 맴돌 때

나의 연수가 자랄수록
저 *연흔과 퇴적층처럼
남길 만한 그 무엇이 있던가

한 시대를 주름잡던
강한 자의 후예는
어디로 갔단 말인가
그리고 저 발자국은….

흩어진 바람을 모아
흔적을 만들어 볼 일이다,
공존과 동행의 자국들을.

—「공룡 화석관에서」 전문

이 작품은 서두에서부터 흥미와 관심을 환기한다. 〈누군가 들어갔던 갈대숲을 헤치고/ 백악기 시대로 들어가니/ 들려오는 공룡과 익룡의 소리 쟁쟁하다〉에서 발상의 신선함을 만난다. 물론 '공룡화석 전시관'에서 들려오는 공룡의 울음소리일 터이지만, 물결무늬 화석인 '연흔'과 퇴적층은 〈어머니가 지어주던 시루떡처럼/ 오랜 세월 곱게도 다져졌다〉에서 보여주는 비유가 놀랍다.

특히 지층에 남아 있는 '연흔'과 '퇴적층'에서 자신이 〈남길 만한 그 무엇〉을 탐색하는 자세가 오롯하다. 〈한 시대를 주름잡던/ 강한 자〉의 말로(末路)를 점검하며, 공룡과 자신의 시대차를 극복하기 위하여, 그는 '공존하며 동행'했던 흔적을 찾으려고 〈흩어진 바람〉을 모은다. 이와 같은 구성과 표현을 통하여, 조현곤 시인은 주제와 제재의 특성을 유지하는 한편, 표현의 예술성 확보에도 집중하고 있다.

4. 조현곤의 뜰을 나서며

조현곤 시인은 안빈낙도(安貧樂道)를 실천하는 시인이다. 「지금」에서 〈오늘 당장 먹거리와/ 쓸거리가 없어도/ 그대를 만난 지금/ 난 세상을 다 가진 셈〉이라고 한다. 〈차별과 공평을/ 따지기 전/ 지금 이 순간에/ 그대와 함께 한다는 것이/ 나에겐 금보다 더 소중〉하다고 밝힌다. 〈이 좋은 날, 지금/ 행복을 물어다 주는 그대가 있어/ 비록 시간을 깨무는 삶이라도 난 바꿀 수 없소/ 사양할 줄은 더욱 모른다〉고 현재의 삶에 충실한다.

또한 그는 표리부동한 사람을 비판하는 작품 「그림자」를 통하여 상징적 의미를 형상화한다. 〈앞은 화려하지만 뒷모습은 우울한 사람아/ 뒤에 있는 사람도 앞이 있다오./ 앞에 있다고 뒤에 쓰레기와 꽁초를 버린다면/ 뒤에 있는 사람은 어쩌란 말인가?/ 앞뒤 서로 살펴보아 양면을 깨끗하게 한다면/ 동전과 같이 서로가 좋을 텐데/ 혼자만 생각 말고 옆과 뒤에 있는 사람도/ 생각하며 더불어 살면 어떻겠소.〉라며 타인에 대한 배려심을 촉구한다. 즉 마음이 맑고 순수하기를 바라는 내면의 염결성(廉潔性)을 지향하고 있다.

한산 모시옷도 다림질로
주름을 펴야 제 멋이 난다
인생의 실패로 체면이 구겨지면
아연히 앙당그러진다
심한 상처를 받은 자는 마음이 구겨져
절절한 통증을 호소한다
그들의 아픔이 성령의 능력으로
마음 주름을 펼칠 때에
환한 기쁨으로
회복된다는 것을 너희는 아느냐.

—「마음 펴기」 전문

시인의 고향은 충남 서천군이다. 서천의 대표적 물산(物産)에 '한산모시'와 '소곡주'가 있다. 그 중에서 내면의 염결성을 비유적으로 표현할 수 있는 소재로 그는 '한산

모시'를 선택한다. 한산모시의 외면적 단아함, 그리고 사람으로서 지녀야 할 내면적 염결성, 양면(兩面)이 비유적으로 결합된다. 〈한산 모시옷도 다림질로/ 주름을 펴야 제 멋이 난다〉고 시작하여, 〈성령의 능력으로/ 마음 주름을 펼칠 때에/ 환한 기쁨으로/ 회복된다〉고 노래하는 결미의 교집합이 절묘(絶妙)하다.

조현곤 시인은 앞으로 〈어둠을 가르는/ 광명한 빛줄기처럼/ 고됨도 즐기고/ 아픔도 버성겨 맞아/ 먼 훗날 그분 앞에 설 때/ 면류관을 받〉기를 소망한다. 이러한 소망은 산과 산을 이어주는 메아리처럼, 소중한 인연들을 이어주는 지기(知己)처럼, 어머니와 같은 몽은(은덕)의 인연지기로 나설 것을 작심하게 한다. 그리하여 〈명치 끝 얼룩진 과거가 있기에/ 오늘 진주처럼〉 빛날 수 있다는 깨달음을 시에 담아낸다.

이처럼 '하나님이 보시기에 좋을 신앙'을 노래하기도 하고, 고운 서정을 담아내기도 할 터이며, 비유의 멋을 산뜻하게 표출하는 작품을 빚으리라 확신한다. 조현곤 시인은 시종여일(始終如一)하게 시인과 목회자로서 바쁜 세월을 엮으리라 기대하며, 그의 3시집 『인연지기』의 작품 감상 여로(旅路)를 접는다.

인연지기

조현곤 시집

발 행 일 | 2018년 6월 30일
지 은 이 | 조현곤
발 행 인 | 李憲錫
발 행 처 | 오늘의문학사
출판등록 | 제55호(1993년 6월 23일)
주 소 | 대전광역시 동구 대전로 867번길 52(한밭오피스텔 401호)
전화번호 | (042)624-2980
팩시밀리 | (042)628-2983
전자우편 | hs2980@hanmail.net
카 페 | cafe.daum.net/gljang(문학사랑 글짱들)
cafe.daum.net/art-i-ma(아트매거진)

공 급 처 | 한국출판협동조합
주문전화 | (070)7119-1752
팩시밀리 | (031)944-8234~6

ISBN 978-89-5669-923-3
값 9,000원

* 이 책은 충청남도와 충남문화재단의 후원으로 발간되었습니다.
* 이 책은 교보문고에서 E-Book(전자책)으로 제작 · 판매합니다.